Andreas Wieland-Freund

Abseits vom Lärm der Straße

Gedichte

für Mareike und Tobias

I. TEUFELSRITT AUF DER LAVA

DR. FAUST

Sein Lehrstuhl
im Wirtshaus

abseits der
Hohen Schule

Meister frag
würdiger Künste

bezichtigt der
Schwarzen Magie

ohne
Abrakadabra

vom Stadtrat
               beseitigt

DAS GLÜCK

Er skandiert keinen Vers,
er zerquetscht einen Floh.

Die Feder zerkratzt wieder
die Stille der Mansarde.

Keine Cholera in der Stadt, denn
sonst läge er nicht hier, nahe dem

geliebten Wolkenspiel, weit
weg vom Dreck der Straße.

DIE ABENTEURER SIND ERWACHT

Mit leeren Händen sind sie
in einer Sackgasse gestrandet.
Die Gespräche werden leiser.
Die Hoffnung wird angezählt.

Doch nur die Gans muss sterben.
Und der böse Graf, der sich
an Gertrud vergriff, denn ganz
ohne Opfer geht es nicht.

Ein Toter wird ihnen helfen.
Sein Fingerzeig lässt ihn
einschlagen, den Geistesblitz.
Nun kann es sich ereignen:

der Aufstieg im Schacht,
der Teufelsritt auf der Lava.
Von der Geschwindigkeit
in den Altarstein gepresst
fahren sie auf zum Himmel

und fallen zurück ins Leben,
und alles beginnt von vorn.

DIESER MISTER FOGG!

Verrichtet sein Tagwerk mit
Karten spielen auch
in den achtzig Tagen,
als er den Klub nicht betritt.

Einmal um die Erde,
globaler Hürdenlauf Über
Springen der Breitengrade
Wettlauf gegen die Zeit.

Aber warum dieser Whistspieler?
Dieser Gentleman.
Warum nicht Passepartout:
der Schürzenjäger und Artist?
Oder Fix, der Schnüffler?

Ein Mordskerl von einem Langweiler.
Eine gut geölte Maschine,
dampft auf dem Gleis dahin,
bis ihr der Dampf ausgeht.

Ohne das Weite-Welt-Ticket.

LORELEY

Der Wind kämmt dir
das Haar und kämmt
er es zu stürmisch,
greif ich murrend
zum Besen
und bück mich,
Flüche murmelnd,
nach deinen Strähnen.

In dieser Nacht aber
habe ich Angst
um dich gehabt.

Ein roher Geselle,
der das Splittern
im Holz hören mag:
ein Knochenbrecher,
ein windiger war das.

DREIZEHN HALTESTELLEN BIS ITHAKA

Fährst du mit? Bis Ithaka?
Wo willst du raus?
Bei mir wäre schon
bei den Lotophagen Schluss.
Im Land der Lotosesser.
Mal keine Menschenfresser.
Lotosfrüchte essen
und das ganze Heimweh
samt Ithaka vergessen.
Vergessen, warum nicht?
Süß wie Honig ist das Vergessen.
Oder vier Stationen später,
bei Kirke? Zwar eine Zauberin,
doch zauberhaft, sie
gibt ihm seine Gefährten zurück.
Sicher, er braucht jeden Ruderer,
will ja zu seiner Penelope, der Held.
Aber sind das nicht die Schweine,
die ihm die Heimfahrt vermasseln?
Weil sie nicht wissen, was das
prall gefüllte Leder verbirgt
und sie ihre Neugier, allein schon
ihre Gier, nicht bändigen können.
Aber hätten sie dem Listenreichen
geglaubt, hätte er ihnen gesagt,
was sich in dem Schlauch befindet.

DER FLUCH

Anstatt als Niemand
zu verschwinden,
verrät mir dieser Prahlhans
beim Segel setzen
seinen Namen.

So geht mein Fluch
nicht ins Leere.
Ich verfluche
dieses Großmaul aus Ithaka
von Herzen.

Sein Schiff soll absaufen.
Mit allen Männern.
Hilflos soll er,
der Steuermann seines Lebens,
auf den Wellen treiben.

Mein Vater, der Gott
des Meeres, soll ihn
leiden lassen, bis er
wünscht zu sterben.

Den Sohn des Laertes,
der mich in die
Finsternis gestoßen hat,
sollen nur noch
Nacht und
Dunkelheit begleiten.

Ich wünsche ihm
die schönsten Schrecken
und Qualen.

MARCUS CASSIUS SCHREIBT AUS CASTRA REGINA

Seit dem Betriebsunfall, unter dem göttlichen
Augustus, verschanzt sich unsere Siegmaschine
hinter Türmen und Palisaden. Was einen Handel
nicht ausschließt. Wir kaufen Holz, Pelze, Häute
und Honig und verkaufen ihnen unser Vieh, das
wir auf saftigen Weiden gezüchtet haben.
Beliebt sind unsere Waffen. Wir tauschen sie
gegen Schmuck und Kämme. Ihr Brot ist ein
Verkaufsschlager, genauso wie das Haar der
blonden Frauen. Die germanischen Sklaven
sind fleißig und recht genügsam. Bald werde
ich mir einen leisten können. Doch glaubt
nicht länger, dass wir sie unterwerfen werden.
Wie die Legionen des Varus, lang gezogen
auf der Schneide des Schwertes, so laufen
sich unsere Gedanken blutig an ihnen.
Das Undurchdringliche ihrer Wälder gleicht
dem Undurchdringlichen in ihren Köpfen.
Sie sollen nur fleißig mit uns Handel treiben.
Bei allem Austausch werde ich nie jenes
Gebräu über meine Lippen bringen, das
diese Barbaren genussvoll trinken. Barbaren,
schon deshalb, weil sie den Wein wieder
ausspucken. Der Geschmack trennt uns
mehr, als die Steinquader es könnten.

RÖMISCHE PORTRAITBÜSTE

Er kannte das schon
von den Rivalen
und Weggefährten:

das Schwitzen und
Schreien, wenn das
Blut kleine Pfützen bildet.

Die Länge seiner Titel
glich der Länge
einer Würgeschlange.

Nur einmal steht er
nicht unter den
Augenzeugen.

Als die Fackeln aufgeregt
durch seine Villa laufen,
wird er schon kalt

wie der Stein,
der ihn später
betrauert.

ÉDOUARD MANET, OLYMPIA, 1863

Empörend war nicht das
Splitternackt.

Empörend war,
dass sie eine Hure

Und keine Allegorie
für Moralisches ist.

Ihre schmuddeligen Finger,
der protzige Armreif.

Das dünne schwarze Band
um den fahlen Hals

in einer großen Schleife
festgebunden.

Die Hand auf dem Schoß
taxiert sie den Betrachter.

SO WAS WIE ZUVERSICHT

Ein früher Monet
mit viel Wasser und Himmel

und der Horizont voll mit
rauchenden Schornsteinen.

Auf der Terrasse Paare
im Gespräch oder nur schauend.

Über ihren Hüten farbenfrohe
Dreiecke und Vierecke

vielfach flatternd im Wind.
Schwer zu sagen, was das ist.

So was wie Zuversicht, doch
mehr impressionistisch, alles.

DIE KARENINA FÜR EILIGE

Hufe donnern übern Rasen.
Im gestreckten Galopp
über Schikanen.

Wronskij stürzt.
Pferd verletzt.
Schuss und aus.

Ach Anna,
ach wärst du doch
die Ballerina vom Ballett

und nicht die Ehefrau
eines ehrenwerten Mannes.

DIE RAKETE AUS DEN BERGEN

Sieben,
zerklatscht

auf dem Marktplatz.

Nicht tapfer war`s
und auch kein Schneider.

II. ÜBER DIE NÄHTE DER HAUT

HAGEL

für Tobias

Wir stehen am Fenster
und er sagt:
Gott salzt die Erde.

Ich schreibe das auf für ihn.
Er, der Schrift noch nicht kundig.
Ich, hellhörig bei ihrem Herzschlag.

UNSERE FINGER

Fahren langsam über
die Nähte der Haut.

Brandstifter.
Missionare.

Bekehren uns
mit sanftem Druck.

KNIEFALL, UNAUSGESPROCHEN

Steh bitte nicht auf.
Lass mich nicht sitzen.

Es springt auf,
wenn du gehst,

wetzt seine
Krallen an

meinen
Eingeweiden.

DIE WÖRTER

Seine wirken wie Schläge.
Ihre wie Gift.

Besteht Anlass zur Sorge?
Ich denke nicht.

Er fällt nicht vom Fleisch.
Sie nicht vom Stuhl.

Alles
eine Frage der Dosis.

NACHTSCHICHT

Halt! - die Luft an:
Der nächste Satz
endet am Prellbock.

Kalter Krieg zwischen
den Betten. Schwerer
Schlaf.

Er muss die
Stimmbänder
glatt bügeln.

DIE GOLDENEN ZEIGER

Angekommen
geht er auf und ab,
hält Blickkontakt
mit der Kirchturmuhr.

Dann nimmt er Platz
und einen Tee und rührt
den Löffel gegen den
Uhrzeigersinn.

Während die Augen
die goldenen Zeiger
auf ihrem Rundgang
folgen.

Wenn sie jetzt nicht kommt,
setzt sich in ihm
ein Räderwerk in Gang,
ein böser Mechanismus,

den kein Lächeln mehr
entschärfen kann.

DER SPIELVERDERBER

Als er die Angebote ausschlug,
war Schulterklopfen angesagt.

Wir dachten: der bleibt.

Gestern haben wir uns dann
doch von ihm verabschiedet.

Wir standen dicht gedrängt
in einer schwarzen Traube
abseits vom Lärm der Straße.

Bei Gott!
Er war ein Spielverderber.

Er pfiff auf alle Angebote.

GESTERN BEIM LUNGENARZT

habe ich an dich denken müssen.

Du hast dich nicht
in Rauch aufgelöst.
Nicht in meinen Gedanken
und nicht in deiner Holzkiste,
in der du langsam zerfällst.

Du bist abwesend anwesend.
Doch daraus eine große Sache
zu machen wäre falsch.

Die drei Tage sind verstrichen
wie alle Tage.
Ob wir uns wiedersehen
bleibt offen.

BEERDIGUNG IN M.

Wir bitten für dich.
Wir bitten für uns.

Du bist nicht mehr da.
Du bist unter uns.

Wir sind Bittsteller,
sind still geworden.

Vor dem Loch in
unserer Mitte.

VIELEN DANK

Für deine Unterschrift,
für dein Geld in unsern
dauerleeren Kassen.

Wenn du demnächst etwas
blutleer bist, verzeih,
das ist so üblich:
blau gefrorene Zinsen
und Zähneklappern.

PS: Schreib wieder, spuck
aus die kochende Wut.
Dein Zorn wird uns unterhalten.

STILLES WOHNZIMMER

Sie versunken in ihr Buch und er
reglos am Fenster.

Mattes Licht der Dämmerung.
Stummes Ringen der Kraftfelder.

Gut vorstellbar als eine Anfangsszene,
wenn im Saal das Licht ausgeht.

Die Zwei spielen das Stück schon länger.

WIEDER EINGEFANGEN

So einfach ist das: eine Tür
und keine Klinke.

Eine Antwort, die zuschlägt.

III. LABYRINTH AUS HOLZ

WEIT WEG

Bin ich am
Meer empfange
Wellenrauschen

biete dankbar
dem Wind auch die
andere Wange

Stehe still schaue
weit hinaus vom
Klippenrand der

Bordsteinkante

URLAUB AN DER KÜSTE

Die See begrüßt
die Landratte mit einem
feuchten Handschlag.

Wie ein Brustschwimmer
stößt sich ein Kutter
durch die Wellen.

Der Kraftprotz
nimmt meinen Blick
ins Schlepptau.

Die Schöne ist blau
und schwankt schon
am Mittag.

ROBINSON

Nie hat er
Ausschau gehalten
nach einer Insel.

Die längste Zeit
lag er teilnahmslos
in seiner Kajüte.

Überdrüssig
der neuen Ufer,
angefressen vom
Wellenschaukeln.

Wäre der Sturm
nicht gekommen,
der junge Mann wäre
gelangweilt
von Bord gegangen.

EIN FLUGZEUG AM HIMMEL

Du könntest an
deinen freien Tagen
die Meridiane überschreiten.

An magischen Orten
das Fremde erkunden,
lange Briefe schreiben.

Dein Blick wird hoch
gezogen, von den Füßen
weg.

Hast an die Welt
keine Wünsche mehr,
an das Leben
keine weiteren Fragen.

Und was den Rest angeht:
Willst deine Ruhe ganz
besonders an den freien Tagen!

PARIS

Surprise:
der freie Blick
auf das Souvenir.

Erstaunt von der Seine:
In ihrem Bett könnten
Isar und Donau schlafen.

EIFFELS BLICKFANG

zieht uns an.

Stärker als der Louvre,
das Lafayette und
die Madleine.

Nackter
Stahl,
unter dem

wir in
gewundenen
Schlangen stehen.

Nackter Turm
gewordener Stahl.

Macht das Groß
artigste klein.

Als ihn ein Filou dem
Schrotthändler verkauft,

durchzieht die Gassen
fröhliches Gelächter.

OPEN-AIR-KONZERT IN OBERAUERKIEL

Zum Auftakt Tschaikowsky:
Kanonendonner.

Über unseren Köpfen
rasantes Wolkenschieben,
zuckende Lichtreflexe.

Erfrischend gewalttätig
die elektrischen Schwerter.

Wie sie durch den
aufgedunsenen Leib
der Hitze fahren.

Virtuos die Regentrommeln.

Die Schlafsäcke rollen
sich zusammen.

Um uns ein See, in dem
die Heringe ersaufen.

KALENDERBLATT

Eine Wiese voll
Klatschmohn, von
Klimt gemalt.

Voll Versprechen
und einladend
wie sein Attersee.

Juli. Höchste Zeit,
die Einladung
anzunehmen.

Mich endlich
in den roten Samt
hineinzulegen

wie in seinen Attersee.

IM WALD

O Gott wir haben uns verlaufen überall
Bäume wo ich auch hinschaue von wegen
Waldsterben ohne Google finden wir hier nie
wieder raus aus diesem Labyrinth aus Holz
sind doch keine Räuber oder Hänsel und
Gretel natürlich gehen wir gern in den Wald
lieben die Natur wie eine nahe Verwandte der
es nicht gut geht wollen besser auf sie auf
passen nur jetzt sehe ich vor lauter Bäumen
den Parkplatz nicht mehr ich könnte schreien das
soll ja befreien auf der Naherholungsbühne stehen
einfach los
schreien.

AUF DEM WEG ZUM AUTO

Wie die Temperaturen
werden wir die
Reproduktionszahl
abhören, bevor wir
den Tag beginnen

und zum Auto gehen,
mit all dem Wissen
über Bremsweg
und Geschwindigkeit
und all dem
Explosionsartigem.

Wo
ist der point of no return,
nach dem das Bremsen
geschenkt ist?

LÄRCHENGOLD

Wir haben uns verfahren
im ständigen Auf und Ab
der Berge.

Vorbei an alten Höfen,
leere Schneckenhäuser, die man
in die Hand nehmen möchte.

Jetzt sitzen wir hier
eingeklemmt in Schweigen,
umrahmt von Lärchengold.

Ein Guthaben auf den
Schweizer Bergen,
bewacht von spanischen Reitern.

KURZES MÄRCHEN FÜR ERWACHSENE

Es war einmal
und ist doch wahr,

dass ich einmal
Entdecker war.

Sie entdeckend,
fand ich gar

Indien suchend
Amerika.

IV. ZWISCHEN LUFTSCHACHT UND KLAPPBETT

RITUAL AN ALLEN WERKTAGEN

Hinter dem Rasenmäher
schreitet ein kleiner
Sonnenkönig,

geplagt von der Herrschaft
über die Grashalme. Er
wohnt in einem

Reihenhaus und
kann nicht aus
der Reihe tanzen.

NERVENSÄGEN

Kleine Flugzeuge
bohren Löcher
in die Sonntagsruhe.

Genervt verlassen
wir die Terrasse.

Kapitulieren vor
dem Gezeter
der Amseln, die

lautstark von ihren
Nestern ablenken.

HUNDSTAGE

Die Stadt:
ein ausgetrockneter Pfirsichkern.

In den Steinfurchen treffen sich
Durst und Sonnenstich.

Wir verdunkeln das Haus.

Das Ausgehverbot wird aufgehoben
von der Dunkelheit.

VOLLEYBALL

Reibungslos drehe ich
Rädchen im Getriebewerk.

Zwei Halbautomaten,
drei Schichten.

Nach der Zählung werde ich
wie das Werkzeug weggeschlossen.

Zwei Betten nebeneinander,
drei übereinander.

Volleyball
ist eine Auszeichnung,

für die ich nicht in Frage komme.

BESUCH

Zwischen uns
eine Wand
aus Glas.

Bei mir
der Mithörer
in Uniform.

Andere tragen
ihr Mädchen
über die Schwelle.

Oder die Braut
der Soldaten.
Ich trage

die gelben Streifen.

IN DER OBHUT DER WÄNDE

Weich klopft mich
der harte Stein.

Wenn die Stiefel kommen
stockt der Atem.

Wenn das Schloss sich umdreht
dreht sich der Magen.

GELBE STREIFEN

Kilometerweit.
Das Gesetz überschritten.

Ihnen mit Karte und Kompass
in die Arme gelaufen.

Zur Strafe
zu den Strafgefangenen:

Zur gründlichen Ansicht
der Mauern

und Einsicht in
ihre Macht.

NEUNZEHN

Nicht weit, aber fort,
nicht über, aber hinter
eine Mauer gekommen.

Terra incognita,
zwischen Luftschacht und
Klappbett abzulaufen.

FREISPRUCH

Nur ein Geräusch,
doch es fährt
uns in die Knochen.

Nichts hemmt
die Druckwelle
in den leeren Gängen,

bremst den Schall, wenn
Eisen auf Eisen
schlägt.

Der Schlüsselknecht
schlägt uns
die Stunde.

Wir warten
auf die Dunkelheit.
Sie geht straffrei aus

für ihren Einbruch.

NACHRICHTEN VON MORGEN

Die Blütenstaub-Bewegung sammelt Unterschriften
gegen das Infektionskettenunterbrechungsgesetz.
Freie Diabetiker auf einer Spenderliste von Süd-Zucker.
Arbeit für Deutschland plant einen fleischlosen Sonntag.
Die Christlichen Wutbürger fordern Reform des
bedingungslosen Grundeinkommens.
„Der Maskenheilige" ist der Bühnenskandal des Jahres.
Massenschlägerei im Publikum beendet Uraufführung.
Der Kanzler besucht ein Meditationshaus.
Der DAX schmilzt langsamer als das Eis vor Grönland.

ZIMMERMANNSNÄGEL

Die Eintrittsstellen
an den Armen
und Beinen waren
so gewählt, dass die
langsam Sterbenden
nicht vom Kreuz fielen.

Einen, so heißt es,
musste der Tod wieder
rausrücken.

Während der Restaurator
vom Dachstuhl und seinem
sehr alten Holz erzählt,
betrachte ich
die langen Nägel,
die am Boden liegen.

BIS DER RAUCHMELDER ANSPRINGT

Mach was, auch wenn du die Füße
still halten musst. Fahre fort und
besuche die Wut. Die Haare auf
Krawall gebürstet. Geh einen
trinken mit dem Ärger. Stachle an.
Bis der Rauchmelder anspringt.
Zorn, Wut, Ärger sind unter jedem
Dach zu Hause. Argumente für und
gegen einen Krieg sind seit Troja
billig zu haben. Ladenhüter, sozusagen.
Aber unterschätze niemals das Triviale!
Die Anziehungskraft von Ladenhütern.
Nun mach schon. Leg endlich los!
Mach dir Luft. Einen Knopf auf,
ein Fenster, eine Tür. Und wenn du
schon mal draußen bist, geh gleich
einkaufen.

SIRENEN IM GARTEN

Die Amseln keifen.
Du siehst sie nicht.

Die Katze.

INHALT

1. Auflage März 2021

Detaillierte bibliographische Daten sind unter http://dnb.ddb.de bei der Deutschen Nationalbibliographie abrufbar.

Zusammenstellung und Lektorat dieses Projektes erfolgten durch den Lektorats-Service der Zeitschrift DAS GEDICHT.

Layout und Korrektorat: chiliverlag

Herausgegeben von www.chiliverlag.de

ISBN 978-3-943292-90-9

Erschienen im **chiliverlag** (Auswahl):

Klára Hůrková, Licht in der Manteltasche. Gedichte

ISBN 978-3-943292-86-2

Wolfgang Oppler, Zimtrausch, Kaufbaum, Tannenstern

Weihnachtsgeschichten

ISBN 978-3-943292-83-1

Rolf Birkholz, Das Fell der Welt. Gedichte

ISBN 978-3-943292-80-0

Eva Masthoff, Vom Geschmack der Erinnerung. Erzählungen

ISBN 978-3-943292-77-0

Fritz Deppert, Rückrufe. Gedichte

ISBN 978-3-943292-73-2

Fritz Deppert, Klagelied winterzu. Gedichte

ISBN 978-3-943292-57-2

Franziska Röchter (Hg.), wir wölfe. Gedichte

ISBN 978-3-943292-45-9

Franziska Röchter (Hg.), Herzschlaf. Gedichte und Kurzprosa

ISBN 978-3-943292-35-0

Alex Dreppec, Tanze mit Raketenschuhen – Dance with Rocket Shoes

Science Slam Poetry

ISBN 978-3-943292-50-3

Franziska Röchter, *Artenvielfalt*

Gedichte für ein besonderes Kind

November 2020, 84 Seiten, illustriert

Hardcover: 978-3-943292-87-9

Softcover: 978-3-943292-89-3

Pepperminz

www.chiliverlag.de